Martina Fuchs

Wunscherfüllungs-Steine

Vom Wunsch zur Wirklichkeit

W0172573

Martina Fuchs

Wunscherfüllungs-Steine

Vom Wunsch zur Wirklichkeit

Hinweis des Verlages

Die Angaben in diesem Buch sind nach bestem Wissen und Gewissen zusammengestellt, und die beschriebenen Heilwirkungen der Steine wurden vielfach erprobt. Da Menschen aber unterschiedlich reagieren, können der Verlag und die Autorin im Einzelfall keine Garantie für die Wirksamkeit oder Unbedenklichkeit der Anwendungen übernehmen. Bei ernsthaften gesundheitlichen und psychischen Beschwerden wenden Sie sich bitte an Ihren Arzt oder Heilpraktiker.

1. Auflage 2011

Martina Fuchs
Wunscherfüllungs-Steine

© Martina Fuchs/Neue Erde GmbH 2011
Alle Rechte vorbehalten.

Titelseite:
Foto: Wolfgang Dengler
Gestaltung: Dragon Design, GB

Satz und Gestaltung:
Dragon Design, GB

Gesetzt aus der News Gothic

Gesamtherstellung:
L.E.G.O. S.p.A. Lavis (NT)

Printed in Italy

ISBN 978-3-89060-568-5

Neue Erde GmbH
Cecilienstr. 29 · 66111 Saarbrücken ·
Deutschland · Planet Erde
www.neue-erde.de

Inhalt

Wunscherfüllung mit Steinen

Unsere Wünsche sind die Vorboten der Fähigkeiten, die in uns liegen.
Johann Wolfgang von Goethe

Wünsche und der Drang, sie zu verwirklichen, sind so alt wie die Menschheit selbst. Wünsche sind für uns Menschen eine Quelle der Motivation, ein wichtiger Antrieb und Motor, gespeist von der Sehnsucht nach einem schönen, erfüllten und glücklichen Leben. Wünsche sorgen dafür, wieder mehr mit uns selbst in Verbindung zu treten; zu erkennen, was uns fehlt, welche Bedürfnisse wir wirklich haben, was uns am Herzen liegt und wohin die Reise für uns geht.

Zu den großen Wünschen zählen sicherlich eine glückliche Beziehung, Gesundheit, finanzielle Freiheit und Unabhängigkeit sowie beruflicher Erfolg. Wünsche können aber auch von existentieller Natur sein, in dem wir uns in einer schwierigen Lebenssituation den not-wendigen Wandel oder die Lösung eines scheinbar unlösbaren Problems wünschen. Besonders diese existentiellen Wünsche lassen uns oft scheinbar Unmögliches schaffen und Kräfte in uns mobilisieren, von denen wir gar nicht wußten, daß wir sie haben.

Was passiert da, in diesem Moment, wenn im Leben eines Menschen scheinbar Unmögliches möglich wird? Hier sprechen wir oft von der Bündelung aller Kräfte und Energien. Der ganze Fokus ist wie ein Pfeil auf dieses eine Ziel gerichtet, und der Mensch ist mit allen Fasern seines Daseins entschlossen, es zu erreichen. Er hat seinen Wunsch in ein Ziel verwandelt und die notwendigen Schritte getan, und durch diese Fokussierung wurden nicht nur seine, sondern auch universelle Gesetzmäßigkeiten mobilisiert. Kräfte, die dafür sorgen, daß sein Projekt gelingt.

Da solche Extremsituationen Gott sei Dank nicht zum menschlichen Alltag gehören, gehen genau diese Entschlossenheit und Fokussierung im Alltag oft verloren. Durch den Versuch, unsere Herzenswünsche zu verwirklichen, verlassen wir unsere Komfortzone, und das ruft inneren Widerstand, Blockaden und Ängste auf den Plan. Gewürzt wird das ganze mit mangelndem Vertrauen und Durchhaltevermögen, und fertig ist ein gefährlicher Cocktail, der im schlimmsten Fall dafür sorgt, daß wir unseren Wunsch auf die lange Bank schieben oder aufgeben.

Hier setzt die Arbeit mit den Wunscherfüllungs-Steinen ein, denn sie sorgen dafür, daß wir am Ball bleiben; daß wir uns diesen inneren Blockaden und Widersachern stellen, sie uns genau anschauen und auflösen, indem wir sie annehmen. Steine schwingen, sie bringen uns Energie und heben uns auf die Frequenz, die wir benötigen, um fehlende Qualitäten wie Leichtigkeit, Glaube und Vertrauen, Freude, Mut oder Entschlossenheit in Bezug auf unsere Herzenswünsche zu entwickeln.

Jeder Stein trägt eine Botschaft für uns in sich, die uns auf unserem Weg weiterhilft. Genau das war mein Ansinnen, als am Neujahrstag 2008 die Idee der Wunscherfüllungs-Steine zu mir kam. Ich wollte für mich und meine Klienten ein Symbol, das durch seine eigene positive Energie dazu beiträgt, Blockaden aufzulösen sowie auf der richtigen Frequenz zu schwingen und den Fokus zu schärfen, für das, was uns am Herzen liegt.

Die Steine sind ein Geschenk des Himmels, welches ich hier in diesem Buch von Herzen an Sie weitergebe. Mögen sie Ihnen ein Leben voller Wunder schenken!

Universelle Gesetzmäßigkeiten – das Prinzip der Resonanz und Anziehung

Die Grundlage einer erfolgreichen Wunscherfüllung ist die Kenntnis von zwei elementaren universellen Gesetzen. Sie sind das Gesetz der Resonanz und das Gesetz der Anziehung. Mit ihrer Hilfe können wir Herzens-Wünsche, Ziele und Projekte in unserem Leben verwirklichen. Sie sind wie die fruchtbare Erde, die unsere Wunschsamen zum Blühen bringt.

Das Zusammenspiel verschiedener Energieebenen und Gesetzmäßigkeiten hat bereits Anfang des 20. Jahrhunderts Experten wie Dr. Joseph Murphy, Florence Scovel Shin oder Wallace D. Wattles intensiv beschäftigt. Sie wollten wissen, inwieweit sich unsere Gefühle und Gedanken auf die Verwirklichung unserer Wünsche auswirken, welche Resonanz sie erzeugen. Nahezu hundert Jahre später wurde dieses Wissen durch Bücher und Filme wie *The Secret* reaktiviert.

Ob bewußt oder unbewußt, jeder von uns wendet diese Prinzipien täglich an und erzeugt damit günstige oder ungünstige Erfahrungen und Ereignisse. In der Regel sind wir für beide Resultate verantwortlich. Es ist also nur von Vorteil zu wissen, wie wir diese universellen Kräfte zu unseren Gunsten einsetzen können.

Hierzu vorweg drei wichtige Grundsätze:

Alles ist Energie – alles schwingt. (Albert Einstein)

Energie folgt immer der Aufmerksamkeit.

Worauf ich meinen Fokus richte, das verstärkt sich.

Alles ist Energie – alles schwingt. Darin begegnet uns das Gesetz der Resonanz. Resonanz bedeutet Mitschwingen, Mittönen, Echo, Nachhall oder Widerhall. Alles in diesem Universum schwingt und tönt. Ob Zelle,

Organ, Gedanke, Emotion oder Gegenstand, alles erzeugt einen eigenen Ton sowie eine Energie-Frequenz.

Manche Gedanken, Emotionen oder Gegenstände schwingen auf derselben Frequenz, andere nicht, ähnlich einer Stimmgabel. Diese schwingt, wenn sie angeschlagen wird, in einer bestimmten Tonlage, auf die sie geeicht ist. Wenn sich im Raum mehrere Stimmgabeln befinden, darunter welche, die in derselben Tonlage auf derselben Frequenz geeicht sind, dann werden auch diese Stimmgabeln anfangen zu schwingen, ausgelöst durch die Schallwelle der ersten Stimmgabel.

> Wir sind das, was wir den ganzen Tag denken.
>
> *Robert Schuller*

Jeder unserer Gedanken und jede Emotion erzeugt ein energetisches Schwingungsmuster, das in Resonanz geht mit anderen Menschen, Emotionen und Ereignissen, die auf derselben Frequenz senden wie wir, und genau das ziehen wir dann in unser Leben, ob nun positiv oder negativ. Dadurch wird für uns das Gesetz der Anziehung erlebbar.

Jeder von uns kennt Tage wie diesen: Schon beim Aufstehen stößt man sich die Zehe auf dem Weg zum Bad, beim Frühstück schüttet man sich Kaffee auf Bluse oder Hemd, an der Kreuzung nimmt einem dann so ein Idiot die Vorfahrt und im Büro gibt's Ärger mit dem Chef. Der Tag ist gelaufen, und Ihre »Sendefrequenz« sinkt immer tiefer und sorgt dafür, daß Sie weiteres Ungemach anziehen. Hier ist es wichtig, ganz bewußt auf die Stop-Taste zu drücken und Gegenmaßnahmen zu ergreifen, die Ihr Gefühlsbarometer und somit Ihre Sendefrequenz wieder in den sonnigen Bereich bringen.

Denn wenn sich Ihre Herzenswünsche erfüllen sollen, dann ist es wichtig, daß Sie sich gut fühlen, gut drauf sind und ein positives energetisches Feld um sich erzeugen, damit Sie Ihre Wunschresultate anziehen. In Bayern gibt es dafür den schönen Ausdruck: »Geschmeidig bleiben.« Das heißt nichts anderes, als auch in schwierigen Situationen mit dem Fluß der Dinge zu gehen, ohne sich in negativen Gefühlen zu verlieren.

Das, worauf ich meinen Fokus lege, dehnt sich aus und wächst. Hier sind wir mitten im Gesetz der Anziehung, das dafür sorgt, daß wir genau das bekommen, worauf wir unsere Aufmerksamkeit richten. Also wenn Sie sich weiter auf Ihre Ängste ausrichten, auf Krankheit, Mangel oder den schlecht bezahlten Job, dann wird genau das in Ihrem Leben weiter verstärkt und genährt, und der Sendekanal, der Ihnen eine Lösung verschaffen könnte, verschließt sich.

Darum bringt auch die Frage nach dem »Warum« nicht viel, denn darauf gibt es meist keine Antwort. Im Gegenteil: Durch das ständige Grübeln fühlen Sie sich noch schlechter; Ängste und Zweifel wachsen und Ihre Energie sinkt genau wie Ihre Frequenz. So verstärken Sie das Negative und nehmen sich selbst die Kraft, indem Sie Ihre ganze Energie in den unerwünschten Ereignissen bündeln, statt sie für einen positiven Neuanfang zu nutzen.

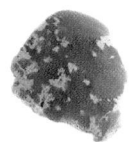

An dieser Stelle mein Tip für alle Grübler: Besorgen Sie sich einen **Anhydrit**, um das sinnlose Grübeln zu stoppen und stellen Sie sich Fragen, die neue Blickwinkel und Perspektiven öffnen sowie neue Möglichkeiten aufzeigen. Also statt »Warum?« besser nach »Was gibt mir jetzt Kraft?«, »Wer kann mich unterstützen?« oder »Welche Alternativen gibt es für mich?« fragen.

Die Qualität der Frage bestimmt die Qualität der Antwort.

Wenn wir die Aufmerksamkeit auf Lösungen und auf das, was wir uns wünschen, richten, dann gehen wir dabei dem Leben entgegen und geben ihm die Chance, uns zu beschenken.

Darüber hinaus erhöht sich dabei die persönliche Sendefrequenz, und wir ziehen automatisch Menschen, Informationen oder Dinge an, die uns weiterhelfen. Dabei unterstützen Sie die Wunscherfüllungs-Steine, die durch ihre Energie dafür sorgen, daß Sie auf der richtigen Frequenz senden und empfangen.

Vom Wunsch zur Wirklichkeit

Wenn wir uns auf den Weg machen, unsere Wünsche zu verwirklichen, ist es wichtig, sie auf die Erde zu bringen. Auf die Erde bringen heißt für mich, sie sichtbar und konkret zu machen, denn sonst bleiben sie oft einfach nur ein Wunschtraum, der durch die Dinge des Alltags immer mehr an Kraft verliert.

Aber wie holen wir nun unsere Wünsche auf die Erde? Am besten geht dies, indem wir unseren Wunsch in ein konkretes Ziel oder Projekt verwandeln und einen Handlungsplan erstellen.

Ja, richtig gelesen, wir werden selbst aktiv. Natürlich können Sie in schönen Bildern schwelgen, wie Ihr Leben an der Seite Ihres Traummannes, in Ihrem Traumhaus mit unbegrenzten finanziellen Mitteln sein wird. Aber wenn Sie dabei immer nur schwelgen und nicht handeln, kann selbst das Universum Probleme bekommen, Ihnen Ihren Wunsch zu erfüllen. Also heißt einer der wichtigsten Erfolgsgaranten: »Zur rechten Zeit aktiv werden.«

In den nächsten Kapiteln werden wir uns ausführlich damit beschäftigen, wie Sie Ihren Herzenswünschen auf die Spur kommen und wie Sie Ihren Teil beitragen können, damit sich diese schnell und leicht manifestieren. Hier für Sie schon mal eine kleine Übersicht Ihrer To-Do-Liste:

- Notieren Sie alle Ihre Wünsche schriftlich.
- Konkretisieren und sortieren Sie diese nach Impuls- und Herzenswunsch.
- Wählen Sie Ihren wichtigsten Wunsch aus und machen Sie ihn zu Ihrem Projekt/Ziel.
- Beschreiben Sie das Endresultat in exakten Worten.
- Formulieren Sie Ihre Absichtserklärung.
- Legen Sie die einzelnen Schritte bis zur Verwirklichung fest und wählen Sie für jeden Abschnitt einen hilfreichen Meilenstein in Form eines Wunscherfüllungs-Steines.
- Erstellen Sie einen realistischen Zeit- und Handlungsplan.
- Legen Sie den ersten Schritt fest, den Sie sofort umsetzten können und handeln Sie binnen 48 Stunden.
- Bleiben Sie täglich in Kontakt mit Ihrem Herzenswunsch.
- Lassen Sie Ihre Ängste und Zweifel los und vertrauen Sie.
- Zum Schluß: Haben Sie Spaß und Freude am Prozeß!

Herzenswunsch oder:
Was will ich wirklich?

> Am Anfang steht die Sehnsucht.
> *Nelly Sachs*

Bevor wir dieser Frage nachgehen, sollten wir zuerst zwischen Impulswunsch und Herzenswunsch unterscheiden. Ein Herzenswunsch ist etwas Großes, etwas, das uns erfüllt, tief berührt, aus unserem Inneren heraus entsteht und unsere Gaben, Talente und Fähigkeiten hervorbringt und sie fördert. Dieser Wunsch läßt tatsächlich unser Herz höher schlagen. Hierfür geben wir gerne alles und zeigen vollen Einsatz. Geht so ein Herzenswunsch dann für uns in Erfüllung, bedeutet dies selbst in schwierigen Situationen dauerhaftes Glück für uns.

Impulswünsche dagegen sind etwas, das uns oft spontan im Außen durch Trends oder Werbung begegnet oder zuwinkt, wie es die Psychologin Eva Wlodarek so trefflich formuliert. Diese Wünsche können materieller Art sein wie z. B. ein tolles Auto, ein Designer-Outfit oder ein Penthouse über den Dächern der Stadt. Es können auch immaterielle Wünsche sein, die durch nahestehende Personen zu uns kommen, die es vermeintlich gut mit uns meinen, oder Wünsche, die Ansehen und Anerkennung versprechen, wie z. B. eine bestimmte berufliche Position oder Ausbildung. Spätestens, wenn sich diese Wünsche erfüllt haben, erkennen wir, daß wir auf der falschen Fährte waren, denn das anfängliche Glücksgefühl weicht oft sehr schnell und das tolle neue Auto wird zur Gewohnheit. Oder es setzt Ernüchterung ein und man erkennt, daß die Top-Position im Unternehmen wertvolle Lebenszeit kostet und lange nicht die ersehnte Anerkennung bringt.

Auf den Punkt gebracht, definiere ich den Unterschied so: Herzenswünsche sind existentiell für unser Leben so wie Sauerstoff, Nahrung oder ein Zuhause, während Impulswünsche vordergründig oft existentiell erscheinen, letztendlich aber meist dazu beitragen, uns von unseren Herzenswünschen fernzuhalten, indem sie uns Zeit und Geld kosten, die wir besser in unsere Herzenswünsche investiert hätten.

Auf Basis dieser Erkenntnis sollten Sie Ihre Wünsche einmal näher unter die Lupe nehmen und in Impuls- und Herzenswünsche unterteilen. Entscheiden Sie dann, welche Wünsche Sie wirklich verfolgen möchten. Und ja, auch ich lasse mich manchmal von meinen Impulswünschen verführen, das gehört dazu. Aber durch den Fokus auf meine Herzenswünsche vermeide ich es, mich in unnötigen Zeit- und Geldinvestitionen zu verlieren.

Der Wunsch hinter dem Wunsch

Es gibt Situationen im Leben, wo wir das Gefühl haben, so gar nicht recht zu wissen, was wir wirklich wollen. Hierfür gibt es eine einfache Übung, die sich aus zwei Fragen zusammensetzt und die man auch sehr gut mit einem Partner durchführen kann. Als Vorbereitung brauchen Sie Schreibzeug, Papier und einen Timer. Stellen Sie diesen auf 15 Minuten und stellen Sie sich selbst nachfolgende Fragen:

- Wenn Geld keine Rolle spielt, wer wäre ich dann, was würde ich tun bzw. was hätte ich dann gerne?
  oder alternativ
- Wenn ich könnte, wie ich wollte, dann würde ich ... sein, tun, haben.

Schreiben Sie sofort drauf los, ohne Wertung und Zensur und halten Sie alles fest, was Ihnen dabei in den Sinn kommt. Hören Sie erst auf, wenn die 15 Minuten vorbei sind. Wenn Sie diese Übung mit einem Partner durchführen, dann kann er Ihnen diese Frage während des Schreibens immer wieder stellen. Im Anschluß filtern Sie dann aus Ihren Notizen Ihre Herzenswünsche heraus. Natürlich können Sie diese Übung auch öfter machen.

Die nächste Übung ist etwas umfangreicher, aber sie hilft Ihnen dabei, den Wunsch hinter dem Wunsch zu erkennen:

Wählen Sie einen für sich wichtigen Lebensbereich aus wie z. B. Finanzen, Beruf und Karriere oder Körper und Gesundheit. Schreiben Sie als Überschrift auf das Blatt: »Was ich wirklich will«. Darunter schreiben Sie z. B. Ihre ideale finanzielle Situation. Dann teilen Sie die Seite in zwei Spalten und listen Sie in der ersten Spalte alle Punkte auf, die Sie in Bezug auf das Thema Geld und Finanzen nicht mögen, z. B. ein ständig überzogenes Konto, nur eben so über die Runden kommen, Rechnungen nicht pünktlich begleichen können usw.

Wenn Sie alle negativen Punkte aufgelistet haben, dann wenden Sie sich der zweiten Spalte zu. Jetzt gehen Sie alle Punkte aus Spalte eins durch und fragen sich dazu folgendes:

- Warum will ich das nicht? Hier ist ein »Warum« sinnvoll, da es dabei um Ihre Beweggründe, Ihre Motivation geht.
- Was möchte ich statt dessen in Bezug auf meine ideale finanzielle Situation?
- Bitte auch hier eine Begründung angeben, warum Sie sich das wünschen.
- Was wäre mein Vorteil, wenn alles so bleibt, wie es ist?
- Was kann ich jetzt dazu beitragen, um meine Situation sofort positiv zu verändern?

Beispiel:
Sie kommen immer gerade so über die Runden, und das soll sich ändern. Ihre Antwort auf Frage 1 könnte lauten: Ich möchte nicht jeden Monat in Sorge leben, ob meine Einnahmen zur Begleichung aller Kosten reichen. Darüber hinaus würde ich gerne mehr Geld zur Verfügung haben, um mir und meiner Familie einen schönen Urlaub zu gönnen sowie eine Rücklage für ein eigenes Haus zu bilden.

Antwort auf Frage 2: Ich wünsche mir einen konstanten Geldfluß und daß am Monatsende immer mindestens ... Euros übrig bleiben, weil ich mich dann sicher und entspannt fühle.

Antwort auf Frage 3: Ich müßte nichts verändern und mich nicht meiner Angst vor Ablehnung z. B. bei Jobsuche oder Kundengewinnung stellen.

Antwort auf Frage 4: Ich werde endlich aktiv und suche mir einen besser bezahlten Job; oder an drei Tagen der Woche widme ich mich jeweils von 10.00 - 12.00 Uhr der Neukundengewinnung, in dem ich z. B. zehn potentielle Kunden anrufe, neue Angebote erarbeite oder meine Webseite überarbeite.

Indem Sie jeden Punkt auf Ihrer Liste so durcharbeiten, werden Sie sehr schnell erkennen, was Sie sich wirklich wünschen und vor allem auch den Wunsch hinter dem Wunsch erkennen. Im obigen Beispiel lautet der Wunsch hinter dem Wunsch nach einem konstanten Geldfluß »Sicherheit«.

Wenn Sie also erkennen, daß es für Sie in erster Linie um das Thema Sicherheit geht, dann können Sie Ihren Wunsch noch einmal ganz anders betrachten, indem Sie sich weitere Fragen stellen, die sich mit Ihrem Bedürfnis nach Sicherheit auseinandersetzen:

- Was gibt mir wirklich Sicherheit in meinem Leben?
- Wie kann ich diese Sicherheit auf das Thema Finanzen übertragen?
- Ist es wirklich wichtig für mich, selbständig zu sein, oder wäre ich glücklicher als Angestellter mit einem monatlichen Festgehalt?
- Welche Symbole verbinde ich mit Sicherheit?

Als Symbol wäre hier ein Stein bestens geeignet, da Steine durch ihre Unvergänglichkeit und Stabilität Sicherheit an sich vermitteln. Passend zum Thema möchte ich hier den **rosa Moosachat** hervorheben, der diese Qualitäten fördert. Diese Symbole, seien es Steine oder etwas anderes, können Sie dann bei sich tragen oder in Ihrer Nähe als positiven Sicherheits-Anker plazieren.

Zusätzlich zu den zwei Übungen möchte ich Ihnen nachfolgend einige Mineralien vorstellen, die Ihnen ebenfalls helfen, Ihren Herzenswünschen auf die Spur zu kommen:

Labradorit regt Ihre Intuition, Kreativität und Phantasie an und hilft dabei, tief in Ihre Gefühlswelt einzutauchen.

Alexandrit hilft dabei, die innere Stimme wahrzunehmen sowie Phantasie und Träume zu entwickeln.

Bergkristall Phantomquarz erlaubt Ihnen, »Unmögliches« zu denken und zu tun sowie mental und physisch über Ihre Grenzen hinauszuwachsen.

Dioptas fördert Ihren inneren Reichtum sowie Ihre Kreativität und sorgt dafür, daß Sie Ihre Träume leben.

Ihre Intention –
wie entschlossen sind Sie wirklich?

Sind Sie interessiert oder entschlossen Ihren Herzenswunsch zu verwirklichen? Wenn Sie daran interessiert sind, dann werden Ihnen vielleicht die ersten Hindernisse bereits den Wind aus den Segeln nehmen. Sind Sie aber entschlossen, dann wird nichts und niemand Sie von Ihrem Weg abbringen, und Ihnen wird eine unglaubliche Kraft zur Seite stehen. Die moderne Wissenschaft nennt dies fokussierte Energie.

An diesem Punkt geht es um eine klar formulierte Absichtserklärung, die Sie immun macht gegen jedwede äußeren oder inneren Einflüsse, sofern diese sich gegen Sie und Ihren Wunsch bzw. Ihr Ziel stellen.

Klären Sie also nochmals Ihre Motivation und ob Sie wirklich bereit sind, für Ihren Wunsch alles zu geben, und erspüren Sie, was Sie bereit sind, dafür zu tun. Erstellen Sie in einfachen, klaren Worten eine schriftliche Absichtserklärung. Setzen Sie ein Datum und Ihre Unterschrift darunter und bewahren Sie diese auf, bis sich Ihr Wunsch manifestiert hat. Um leichter am Ball bleiben zu können, ist es gut, sich diese formulierte Intention besonders in schwierigen Situationen immer wieder zu vergegenwärtigen.

Meilensteine, die Sie dabei unterstützen:
Eisen-Nickel-Meteorit, Wassermelonen-Turmalin und roter Chalcedon.

Resultate – das Ende in Sicht

Für die Verwirklichung von Zielen und Wünschen ist es immens wichtig, ein klares Bild davon zu haben, wie das Resultat aussehen soll. Für diesen wichtigen Punkt sollten Sie sich Zeit nehmen. Erschaffen Sie ein exaktes Bild vom Endergebnis mit allen Details und Facetten der idealen Verwirklichung Ihres Herzenswunsches. Und wenn Sie dies durchgeführt haben, dann beginnen Sie von diesem Endresultat aus, die einzelnen Schritte und Maßnahmen zu planen. Dadurch schärfen Sie Ihren Fokus, und so können Sie einen optimalen Zeit- und Handlungsplan erstellen.

Selbst J. K. Rowling wußte bereits am Anfang, wie die Geschichte um Harry Potter einmal enden wird. In einem Interview bekannte sie, daß das letzte eines der ersten von ihr verfaßten Kapitel war.

Nehmen Sie dies als Anregung und verfassen Sie jetzt, am besten schriftlich, das Ende Ihres »Wunschbestsellers« und wählen Sie intuitiv einen Stein, der für Sie das Endergebnis symbolisiert. Plazieren Sie diesen Stein gut sichtbar im Raum z. B. im Westen, denn hier finden wir die Energie der Vollendung.

Welcher Qualitäten bedarf erfolgreiches Wünschen?

Qualitäten sind für mich Eigenschaften, die bereits in uns in verschiedenen Stärken angelegt sind und die uns bei der Verwirklichung unserer Wünsche, Ziele und Projekte mit aller Kraft unterstützen. So verfügt jeder von uns über ein gewisses Maß an Klarheit, Mut oder Entschlossenheit, und jeder kennt in der Regel auch seine nicht so stark ausgeprägten Seiten. Diese Eigenschaften gilt es also zu stärken und weiterzuentwickeln, denn sie sind oft der Schlüssel zum Erfolg.

Nachfolgend nun die für mich wichtigsten Qualitäten für erfolgreiches Wünschen gepaart mit passenden Helfern aus dem Mineralienreich. Sie sorgen dafür, daß die jeweiligen Eigenschaften gestärkt oder angeregt werden. Am besten tragen Sie die Steine direkt am Körper als Kette oder Anhänger bzw. als Trommelstein bei sich. Sie können die Steine aber auch am Schreibtisch, neben Ihrem Bett, unter dem Kopfkissen oder nach Feng Shui-Kriterien im Raum plazieren.

Klarheit ist eine Grundvoraussetzung, um mit Erfolg ans Ziel zu kommen, denn nur, wenn wir klar definieren, was wir wollen, können wir auch die universellen Gesetzmäßigkeiten wie das Gesetz der Resonanz oder Anziehung aktivieren. Es ist also wichtig, daß Sie sich nicht nur klar werden, was Sie wollen, sondern auch so genau wie möglich beschreiben, wie das gewünschte Ergebnis aussehen soll. Mit einer klaren Zielvorgabe vermeiden Sie Umwege und die Gefahr des Verzettelns, und Sie treffen immer die richtige Entscheidung. Stellen Sie sich bei allen Impulsen und Aktionen immer wieder folgende Frage: Bringt mich dies meinem Wunsch näher?

Meilensteine, die innere Klarheit fördern und unterstützen:
Bergkristall, Bergkristall-Herkimer und Fluorit.

Feng Shui-Tip: Plazieren Sie eine Bergkristall-Spitze im Nordwesten des Hauses oder des Raumes, in dem Sie sich oft aufhalten.

Entschlossenheit folgt auf die Klarheit, denn nur, wenn ich klar bin, kann ich mich auch für oder gegen etwas entscheiden. Entschlossenheit ist ein inneres Feuer, das uns für unseren Herzenswunsch »brennen« läßt und uns die Kraft gibt, jederzeit unser Bestes zu geben. Fragen Sie sich also: Bin ich entschlossen? Wenn Sie beim Ja zögern, weist dies auf ungelöste Ängste oder Blockaden hin oder darauf, daß Sie Ihren Wunsch noch einmal auf Stimmigkeit überprüfen sollten.

Meilensteine für Entschlußkraft und Entschiedenheit:
Tigereisen, Charoit oder Disthen.

Feng Shui-Tip: Plazieren Sie einen der oben genannten Steine im Nordosten des Hauses oder Raumes.

Verbindlichkeit sorgt dafür, daß Sie am Ball bleiben, die Sache wirklich ernst nehmen und für sich und Ihre Wünsche einstehen. Dadurch zollen Sie sich selbst Respekt und Loyalität. Darüber hinaus beweisen Sie, daß Sie sich auf sich selbst verlassen können. Das ist eine unschätzbare Erfahrung, die sich auch auf andere Bereiche Ihres Lebens positiv auswirken wird.

Meilensteine für Verbindlichkeit: Granit, Schneequarz

Feng Shui-Tip: Plazieren Sie einen der oben genannten Steine im Nordosten des Hauses oder Raumes.

Fokussierung ist ein weiterer wichtiger Schlüssel auf dem Weg, Ihre Wünsche zu manifestieren. Wenn wir fokussiert sind, dann ist unser Blick wie ein Pfeil auf das Ziel gerichtet. Wir sind immun gegen Ablenkungen und Störungen, und wir laufen nicht Gefahr, uns im Alltagstrott zu verlieren. Darüber hinaus wird unsere ganze Energie wie ein Laserstrahl gebündelt, was uns große Kraft verleiht. Das, worauf wir uns fokussieren, wächst, dehnt sich aus und erzeugt somit das Feld, in dem die universellen Gesetzmäßigkeiten mit uns kommunizieren können. Ihre Aufgabe ist es, Ihren Fokus voll und ganz auf Ihre Wünsche, Ziele oder Projekte zu legen und die anstehenden Schritte zu tun. Sorgen Sie für eine klare Umgebung, denn je ruhiger und geordneter Ihr Umfeld oder Arbeitsbereich ist, um so leichter fällt es Ihnen, auch fokussiert zu bleiben. Und Sie werden feststellen, daß Fokus Ihnen Wege aufzeigt und Türen öffnet, die vorher für Sie verschlossen oder nicht sichtbar waren.

Meilensteine für Fokussierung:
Bergkristall Laserquarz, Fluorit, Bergkristall-Spitze.

Feng Shui-Tip: Plazieren Sie einen der oben genannten Steine im Süden des Hauses oder Raumes.

Glaube und Vertrauen sind die Grundlage unseres Lebens und erst recht, wenn es darum geht, Herzenswünsche zu verwirklichen. Nur wenn ich glaube, vertraue ich, und wenn ich vertraue, kann ich auch glauben. Sie sind untrennbar miteinander verbunden wie zwei Seiten einer Münze und stellen für uns Menschen manchmal eine große Herausforderung dar. Dies besonders, wenn wir uns in einer schwierigen

Situation befinden und im Leben alles dunkel scheint oder wenn bereits in der Kindheit durch schlimme Erfahrungen das Urvertrauen erschüttert worden ist. In solchen Fällen ist es wichtig, sich für professionelle, therapeutische Unterstützung zu öffnen, um diese Wunden zu heilen und den Weg zurück zum Vertrauen zu finden. Wenn uns dies gelingt, dann entsteht in uns ein tiefes Gefühl von Sicherheit und daß alles seine Ordnung hat, so wie es ist; daß wir uns selbst, unseren Fähigkeiten und Talenten vertrauen können und daß es für jedes Problem eine Lösung gibt, auch wenn wir diese nicht gleich erkennen. Aus dieser Sicherheit heraus erwächst unser Glaube – ein Glaube, der zum Wissen wird, daß uns alles möglich ist, wenn wir es zulassen und uns erlauben; ein Wissen darum, daß es keine Begrenzungen für uns gibt.

Meilensteine für Glaube: Bergkristall, Bernstein.

Meilensteine für Vertrauen:
Bergkristall, Phantomquarz, Bernstein, Granat und Chrysopras.

Feng Shui-Tip: Plazieren Sie für die Themen Glaube und Vertrauen jeweils einen der oben genannten Steine im Nordwesten des Hauses oder Raumes.

Eine **Erlaubnis** zum Glück, zur Freude und Fülle können nur Sie selbst sich geben, niemand sonst. Wenn Sie sich mit dem Thema Erlaubnis beschäftigen und dabei innere »Verbote« entdecken, dann forschen Sie nach, denn meist stammen diese aus der Kindheit. Sie sind durch Muster und Glaubenssätze entstanden, die Ihnen Ihre Familie oder enge Freunde vorgelebt haben und die Sie als Kind übernommen haben. Oft entsteht so auch ein inneres Bild, daß Sie nicht glücklicher, reicher oder gesünder sein dürfen als Ihre Familie oder Ahnen.

Wenn dem so ist, dann sollten Sie sich bewußtmachen, daß Sie Ihrer Familie nicht helfen, indem Sie Ihr Potential oder Leben nicht erfolgreich leben. Sie können Ihre Eltern nicht retten, denn diese haben vor langer Zeit selbst entschieden, ihr Leben so zu leben oder sind durch ihre Lebensumstände dazu gezwungen worden. Sie müssen sich also selbst daraus befreien. Aber sicher ist, daß sich Ihre Eltern ein glückliches, erfolgreiches und gesundes Leben für Sie wünschen. Wenn Sie daran zweifeln, fragen Sie sie, und sollten Sie nicht mehr bei Ihnen sein, dann spüren Sie in Ihr Herz und verbinden Sie sich darüber mit Ihren Eltern. Die Antwort wird immer lauten: Ja, wir wünschen uns, daß es dir gut geht und daß du glücklich bist. Also, worauf warten Sie noch, geben Sie sich endlich die Erlaubnis dazu und legen Sie los.

Meilensteine für das Thema Erlaubnis:
Lapislazuli, gelber Topas, farbloser Topas.

Feng Shui-Tip: Plazieren Sie einen der oben genannten Steine im Süden des Hauses oder Raumes.

Mut steht am Anfang des Handelns, Glück am Ende.

Demokrit

Mut ist nicht die Abwesenheit von Angst, aber Mut sorgt dafür, daß wir uns von unseren Ängsten nicht aufhalten lassen. Mut ist die Triebkraft, die uns vorangehen und uns Hindernisse überwinden läßt. Wenn es um die Verwirklichung unserer ganz großen Lebensträume geht, müssen wir immer unsere Komfortzone verlassen und uns auf neues, unbekanntes Terrain begeben. Hierzu brauchen wir Mut, denn wir wissen oft noch nicht, was uns auf dem Weg dorthin begegnet. Selbst wenn uns bewußt ist, daß das größte Glück dort mit offenen Armen auf uns wartet, gibt es immer auch Teile in uns, die dies bezweifeln und große Angst davor haben. So bedarf es zum Glücklichsein nicht nur einer klaren Entscheidung sondern eben auch des Mutes.

Meilensteine für Mut:
Rubin, Karneol und roter Jaspis.

Feng Shui-Tip: Plazieren Sie einen der oben genannten Steine im Süden des Hauses oder Raumes.

Ausdauer und Durchhaltevermögen sorgen dafür, daß wir nicht nur die ersten wichtigen Schritte machen, sondern trotz aller möglichen Herausforderungen auf dem Weg auch das Ziel erreichen. Jeder von uns kennt sicherlich Situationen, in denen wir mit großem Elan ein Projekt oder Vorhaben gestartet und auf dem Weg dahin immer mehr an Fahrt verloren haben, bis uns zum Schluß dann ganz die Puste ausging. Auslöser sind in der Regel innere Ängste und Zweifel, unvorhergesehene Probleme oder aber auch der innere Schweinehund. Dieser Freund kann uns oft ganz schön triezen, denn er hält so gar nichts vom Verlassen der Komfortzone. Genau da ist es doch so schön gemütlich und sicher. Von wegen Sport, gesunde Ernährung oder die Karriere-Treppe rauf zum Chef-Posten – pah, ist doch viel zu anstrengend.

Ja stimmt, anstrengend kann es auch mal sein, denn wenn Ihr Herzenswunsch lautet, einen schönen, gesunden und schlanken Körper zu haben, dann müssen Sie auch etwas dazu beitragen, damit dies für Sie wahr wird, sei es nun, regelmäßig Sport zu treiben oder eine langfristige Ernährungsumstellung vorzunehmen. Hier fällt mir ein Zitat von Karl Lagerfeld ein, der auf die Frage: »Muß man für Schönheit leiden?« mit dem Satz antwortete: »Nein – man braucht Disziplin!«

Das ist ein wichtiger Aspekt, der ebenfalls zum Thema Ausdauer und Durchhaltevermögen gehört und der uns, wenn wir ehrlich sind, nicht immer wirklich gefällt. Der folgende Satz hat meine Einstellung zum Thema Disziplin positiv verändert: »Disziplin macht frei.« Er stammt von Joan Erikson, der Frau von Erik Erikson, einem berühmten Psychoanalytiker.

Wenn Ihnen also gerade die nötige Portion Ausdauer, Durchhaltevermögen oder Disziplin fehlt, dann überprüfen Sie als erstes, ob Ihr Wunsch wirklich noch Ihr Herzenswunsch ist. Manchmal verändert sich auf dem Weg unseres Lebens etwas, und wir sollten dann flexibel genug sein, diesem neuen Impuls zu folgen.

Wenn aber Ihr Herzenswunsch immer noch kräftig in Ihnen pocht, dann holen Sie tief Luft, fokussieren Sie sich auf die Gründe, warum Sie das wollen und auf das Endresultat und gehen Sie im Vertrauen den nächsten Schritt.

Denn eins steht fest: Auf dem Weg zur Wunscherfüllung kommen Sie so als Sieger durchs Ziel!

Meilensteine für Ausdauer und Durchhaltevermögen:
Baumachat, Aquamarin (auch gut für Disziplin), gelber Jaspis, Gagat, Granat Pyrop.

Feng Shui-Tip: Plazieren Sie einen der oben genannten Steine im Nordosten des Hauses oder Raumes.

Loslassen kommt dann, wenn wir alles, was in unserer Macht steht, für unseren Wunsch getan haben. Dann kommt irgendwann der Moment, an dem wir ihn loslassen müssen, damit er sich entwickeln und für uns verwirklichen kann. Wir übergeben ihn dem Fluß des Lebens, denn jetzt ist das Gesetz der Resonanz und Anziehung in Aktion. Je mehr wir uns da einmischen, um so länger kann es mit der Manifestation dauern, denn wir haben nicht einmal einen Bruchteil der energetischen Fähigkeiten, die jetzt am Zuge sind. Gönnen Sie sich also eine Verschnaufpause und bleiben Sie im Vertrauen, daß sich jetzt alles zur rechten Zeit für Sie entfalten wird. Sollten Sie noch zweifeln, dann tanken Sie eine Dosis Glauben und Vertrauen, indem Sie mit den dazugehörigen Steinen arbeiten und sich Ihre inneren Widersacher liebevoll ansehen. Und vergessen Sie nicht: Wenn wir loslassen, dann haben wir zum Empfangen zwei Hände frei!

Meilensteine fürs Loslassen: Dumortierit, Tektit, Diopsid.

Feng Shui-Tip: Plazieren Sie einen der oben genannten Steine im Norden des Hauses oder Raumes.

Offenheit folgt auf Loslassen und ist an dieser Stelle ganz besonders wichtig, denn wenn wir uns nicht öffnen für unsere Intuition und Inspiration sowie für Impulse, Unterstützung und Hilfe aus der feinstofflichen oder materiellen Welt, dann sind wir nicht in Resonanz mit dem, was wir uns wünschen, und das Gesetz der Anziehung kann seinen Dienst nicht tun. Wir sind verschlossen und abgeschnitten von der Quelle und agieren in dem Moment als Einzelkämpfer. Um sich wieder an die Quelle anzuschließen, gibt es verschiedene Möglichkeiten: ein Spaziergang in der Natur, Atemübungen oder Meditation, sich auf Schönes besinnen und daran erfreuen, Musik, Tanz oder Yoga. Vertrauen Sie hier auf Ihr Gefühl, achten Sie auf Ihre innere Stimme, Sie wird Ihnen sagen, auf welchem Wege Sie sich am besten wieder verbinden.

Ihre Aufgabe lautet also jetzt, darauf zu achten, daß Ihre Antennen auf Empfang sind. Offen sind für »Zufälle«, Eingebungen, Begegnungen oder Fügungen des Himmels, ob durch Bücher, Menschen, Träume oder in der Meditation. Überall kann Ihnen das Glück der Inspiration begegnen und Sie mit dem Schlüssel zur Wunscherfüllung segnen.

Meilensteine für Offenheit und gute Verbindung nach oben:
Labradorit, Apophyllit farblos, Beryll farblos.

Feng Shui-Tip: Plazieren Sie im Haus oder in Ihrem Raum einen der oben genannten Steine entweder im Nordwesten, wenn Sie sich Hilfe und Unterstützung wünschen, im Osten für Geistesblitze oder im Westen für Inspiration und Kreativität.

Empfangen und Annehmen sind die letzte Etappe auf der Tour der Wunscherfüllung. Empfangen kann ich nur, wenn ich vorher losgelassen habe, denn nur so habe ich ja beide Hände frei und die Offenheit und die persönlichen Erlaubnis, das Gewünschte auch annehmen zu dürfen. Diese Erlaubnis können nur Sie selbst sich geben, und genau darin verbirgt sich nochmals ein letzter Stolperstein, denn viele Menschen tun gerade das nicht. Sie glauben, bewußt oder unbewußt, daß sie es nicht wert sind, Fülle zu erleben und zu leben, daß sie nicht gut genug oder nicht liebenswert sind oder daß das Leben es einfach nicht gut mit ihnen meinen kann.

Wenn Sie diesen Überzeugungen nachgehen, dann ist der erste Schritt, sich selbst zu verzeihen, und der zweite, sich liebevoll anzunehmen und sich zu vergegenwärtigen, daß Sie genau so, wie Sie sind, ein wunderbarer Mensch sind, der den Himmel auf Erden verdient. Dies ist Ihr Geburtsrecht, das Ihnen niemand nehmen kann, nur Sie selbst.

Also, worauf wollen Sie noch warten? Das Leben will Sie *jetzt* reich beschenken, also Arme auf und zupacken!

Meilensteine für Empfangen und Annehmen:
Bergkristall und Mondstein, für mehr Selbstwert und Annahme: Aktinolith, Zitronen-Calcit, Orangen-Calcit.

Feng Shui-Tip: Plazieren Sie im Haus oder in Ihrem Raum einen der oben genannten Steine im Südwesten (Empfangen und Annehmen) oder Westen (Manifestation).

Dankbarkeit ist der Königsweg der Wunscherfüllung und symbolisiert sowohl den Anfang als auch das Ende. Am Anfang des Weges danken wir für das, was wir bereits besitzen, im Immateriellen wie Materiellen. Dadurch werden wir automatisch auf eine Schwingung und Frequenz des Vertrauens, Glaubens und der Offenheit gehoben, die uns wiederum bereit macht, Neues zu empfangen. Am Ende, nach der Manifestation unserer Wünsche ist Dankbarkeit Ausdruck und Zeichen unserer Wertschätzung an die geistige Welt, an alle Freunde und Menschen, die uns dabei unterstützt haben, sowie an uns selbst, daß wir alles gegeben haben, was dazu nötig war.

Dankbarkeit ist für mich auch eine Zeit des Feierns, Genießens, Ausruhens und der Freude am Leben. Gönnen Sie sich jeden Tag Ihre Momente der Dankbarkeit, und Ihr Leben wird sich wie von selbst in ein Wunder verwandeln.

Meilensteine für Dankbarkeit:
Amethyst, grüner Turmalin.

Feng Shui-Tip: Plazieren Sie im Haus oder in Ihrem Raum einen der oben genannten Steine entweder im Nordwesten zum Dank an die Schöpferkraft und Unterstützung oder im Westen für die vollendete Manifestation. Natürlich können Sie Steine in beide Himmelsrichtungen legen.

Innere Blockaden und Widerstände

Zuerst die gute Nachricht: Jede Blockade und jeder Widerstand ist uns wohlgesonnen, denn sie wollen nur eins – uns schützen. Das ist und war immer ihre Aufgabe, z. B. um uns als Kind in schmerzlichen Situationen zu schützen, die wir sonst nicht verkraftet hätten. Heute jedoch sind wir sehr wohl in der Lage, uns selbst zu schützen und Maßnahmen zu ergreifen, die uns als Kind nicht möglich waren.

Somit ist jetzt die Zeit gekommen, sich liebevoll diesen inneren Blockaden und Widerständen zuzuwenden, um sie dankbar zu verabschieden, denn sie haben ihre Aufgabe erfüllt und sind Ihnen nicht länger dienlich.

Widmen wir uns als erstes dem **inneren Kritiker**. Sein bevorzugter Platz ist in unserem Ohr. Dort flüstert er uns zu, daß wir es gar nicht wert sind, daß wir untalentiert, zu dumm oder nicht schön genug sind. Er will uns unsere Träume und Wünsche ausreden, indem er uns durch seine Kommentare klein macht bzw. klein halten will. Manche seiner Kommentare stammen vielleicht aus Botschaften, die wir aus unserer Kindheit übernommen haben, andere sind in uns selbst entstanden. Hier hilft nur ein Realitäts-Check der Situation und ein klares Nein, wenn diese Stimme sich wieder erheben will.

Meilensteine zur Lösung:
Rosenquarz, Lapislazuli.

Lösungssatz: Ich verdiene von allem das Beste!

Zweifel – Im Zeitalter der Aufklärung war der Zweifel die Voraussetzung für allen Erkenntnisfortschritt, denn er enthielt die Option anderer Möglichkeiten. Wenn uns der Zweifel heute packt, dann führt dies oft genau ins Gegenteil und im schlimmsten Fall sogar zur Verzweiflung. Wir zweifeln an unserer Person, an unseren Fähigkeiten und Talenten sowie an dem Gelingen unserer Vorhaben. Prompt sind wir bereit, die Flinte ins Korn zu werfen, den Glauben zu verlieren und unsere Wünsche, Ziele und Projekte aufzugeben.

Wenn Sie also das nächste Mal wieder der Zweifel befällt und Sie sich fragen, ob Sie wirklich fähig sind, einen Roman zu schreiben, oder ob sich der Traum nach einem Haus am Meer wirklich erfüllen läßt, dann sagen Sie laut zu sich selbst: Ja, ich kann! Richten Sie Ihren Fokus auf das gewünschte Resultat und erinnern Sie sich daran, daß jeder Zweifel die Chance zu neuen Erkenntnissen in sich trägt.

Meilensteine zur Lösung von Zweifel:
Eldarit Nebula, Eldarit Kabamba, Tektit, Nephrit Jade.

Lösungssatz: Ich denke immer in Möglichkeiten und Lösungen.

Hoffnungslosigkeit ist der Begleiter des Zweifels und folgt dann, wenn wir uns ganz der Verzweiflung hingeben. Wir sehen keinen Weg und kein Licht am Ende des Tunnels. Wir fühlen uns verlassen und von der Quelle getrennt, und alles in uns will nur noch aufgeben, denn, wie es von Karl Jaspers so trefflich lautet: »Die Hoffnungslosigkeit ist schon die vorweggenommene Niederlage.« Genau darin liegt zugleich der Schlüssel zur Lösung für uns. Hoffnungslos sind wir nur, solange wir nicht mehr an die Verwirklichung unseres Wunsches glauben und unseren Blick nur auf die scheinbar unlösbaren Probleme oder Hindernisse richten. Heben Sie also Ihren Blick, wechseln Sie die Perspektive, bewegen Sie sich, gehen Sie hinaus in die Natur, machen Sie Ihren Kopf frei und verbinden Sie sich wieder mit Ihrer Quelle. Lauschen Sie dann nach innen, folgen Sie den Impulsen, die garantiert kommen, und handeln Sie!

Meilensteine zur Lösung von Hoffnungslosigkeit:
Rutilquarz gelb, Granat Grossular, Goldberyll, Epidotquarz.

Lösungssatz: Unmöglichkeit ist das Tor zur nächsten Möglichkeit!

Mutlosigkeit überfällt uns, wenn wir glauben, einer Aufgabe nicht gewachsen zu sein. Die Herausforderung erscheint uns riesig und nicht zu bewältigen. Auch eine reale oder vermeintliche Gefahr kann ein Auslöser sein. Sie haben beispielsweise Ihren sicheren Arbeitsplatz für ein eigenes Unternehmen aufgegeben und wissen nun nicht, ob es wirklich gelingen und Früchte tragen wird. Wenn Mutlosigkeit aufkommt, dann folgt darauf oft eine Art Lähmung oder ein Fluchtreflex. Entweder wir verfallen in Handlungsunfähigkeit und schieben die Dinge auf oder wir flüchten, indem wir uns mit allerlei Nebensächlichkeiten ablenken oder das ganze begraben und aufgeben.

So weit sollte es aber auf keinen Fall kommen. Fragen Sie sich als erstes, wer oder was Sie in dieser Situation unterstützen und stärken kann. Was brauchen Sie jetzt für den nächsten Schritt? Wenden Sie für große Wünsche, Ziele und Projekte die Salami-Taktik an, indem Sie Ihre Vorhaben in Teil-Aufgaben zerlegen und diese Schritt für Schritt erledigen, bis Sie am Ziel sind.

Meilensteine zur Lösung von Mutlosigkeit:
Beryll, Goldquarz, Hämatitquarz, Granat Pyrop, Karneol, roter Jaspis, Sonnenstein

Lösungssatz: Mit Mut im Gepäck bewältige ich jede Aufgabe.

Wenn wir uns den inneren Kritiker und die Zweifel, Hoffnungslosigkeit und Mutlosigkeit betrachten, dann werden wir feststellen, daß sie alle einen gemeinsamen Ursprung haben – **Angst**: Angst vor Verlust, Trennung, Versagen oder Nicht-Genügen. Angst ist ein Konstrukt unseres Geistes, und da sie in uns selbst entsteht, können wir sie hier auch wieder auflösen. Angst als Emotion neutral betrachtet, ist sinnvoll zum Schutz vor realer Gefahr. Angst, die so übermächtig wird, daß sie uns lähmt und handlungsunfähig macht, wird zum Problem und sollte mit professioneller Unterstützung gelöst werden.

Angst wiederum, die unser Herz klopfen läßt, weil wir uns einem wirklich großen Traum oder einer Herausforderung stellen, ist sinnvoll und gut. Sie fördert unsere innere Konzentration und schärft alle Sinne. Wenn wir dann die ersten Schritte wagen, löst sie sich auf und schenkt uns ihre Kraft.

Meilensteine zur Lösung von Angst:
Dumortierit, Chrysoberyll, Obsidian.

Lösungssatz: Ich lasse meine Angst jetzt los und vertraue in meinen Lebensweg.

Der Wunsch nach **Kontrolle** kann ebenfalls dazu beitragen, daß wir uns selbst blockieren. Wir wollen, daß die Dinge auf unsere Weise geschehen und zwar an dem von uns vorgegebenen Zeitpunkt. Dieser Kontrollzwang beruht ebenfalls auf Angst, zudem auf mangelndem Vertrauen. Wir können nicht glauben, daß sich die Dinge auch ohne unser Zutun zu unserm Besten entfalten und daß es noch bessere, schnellere Wege zum Glück gibt als unseren.

Meilenstein zur Lösung: Chiastolith.

Lösungssatz: Willst du recht haben oder glücklich sein?

Lösungsweg: Wenn Ihnen einer oder verschiedene der oben beschriebenen Widerstände Probleme bereiten, dann hilft nur eins: Annehmen und Dasein-Lassen. Führen Sie eine innere Konferenz mit Ihrer Angst oder Ihrem Zweifel. Fragen Sie, was dieser Teil braucht, damit er für Sie und nicht gegen Sie arbeitet. Danken Sie diesen Emotionen und Blockaden für alles, was sie für Sie getan haben, und nehmen Sie diese symbolisch in Ihr Herz. In dem Moment, wo Sie dies tun und Tränen, Angst, Schmerz, Trauer, Wut, Zweifel oder Mutlosigkeit da sein lassen, fühlen und so durch sie hindurch gehen, genau dann lösen sie sich auf. Das Geschenk dabei an Sie ist Klarheit und Kraft.

The Big Five – die fünf größten Wünsche

Wenn wir eine Hit-Liste der wichtigsten Wünsche anfertigen, dann stehen folgende Wunsch-Themen ganz oben: Liebe & Partnerschaft, Reichtum & Fülle, Beruf(ung) & Erfolg, Gesundheit und Wunder. Damit diese großen Herzenswünsche nicht unerfüllt bleiben, hier nun für Sie die einzelnen Wunschthemen mit den dazu passenden Wunscherfüllungs-Steinen:

Liebe & Partnerschaft

Liebe ist die stärkste Kraft im Universum, und sie ist das wichtigste Lebens-Elixier im Umgang mit uns selbst und mit anderen. Auch in unserem Tun sind Liebe und Zugehörigkeit die großen Triebfedern, denn wir alle wollen geliebt und anerkannt werden. Wir wollen aber auch unsere Liebe ausdrücken, leben und mit Menschen, die uns am Herzen liegen, teilen. So ist es nur verständlich, daß wir alle letztlich immer nur einen Wunsch haben: zu lieben und geliebt zu werden und dafür den idealen Partner zu finden.

Bevor wir dies tun, ist aber eines wichtig: Selbstliebe. Wenn wir uns selbst mit all unseren Vorzügen und Schwächen nicht lieben und annehmen, wie soll es dann ein anderer tun? Ich weiß, dies ist nicht immer leicht, aber ein erster wichtiger Schritt auf dem Weg zur Selbstliebe ist die Versöhnung mit den eigenen ungeliebten Seiten. Und von diesem Ort aus fangen Sie an, sich selbst ein guter Freund zu sein. Fragen Sie sich: Was brauche ich jetzt? Was tut mir gut? Was nährt mich und gibt mir Kraft? Und je öfter Sie dies tun, desto tiefer wird Ihre Freundschaft mit sich, aus der letztlich Liebe wird.

Wenn wir uns selbst lieben und wertschätzen, sind wir nicht mehr bedürftig. Das heißt, wir brauchen den Partner nicht mehr als Bedürfnis-Erfüller an unserer Seite. Wir sind frei und nicht länger abhängig von Zuwendung oder Aufmerksamkeit, denn wir haben gelernt, uns unsere Bedürfnisse und Wünsche selbst zu erfüllen oder klar zu äußern. Darin liegt der Schlüssel zum Glück für eine Beziehung und Partnerschaft auf Augenhöhe.

Darüber hinaus macht uns dies attraktiv und anziehend für einen Partner.

Wenn Ihr Herzenswunsch also lautet, Ihre bestehende Partnerschaft zu beleben und zu vertiefen oder Sie auf der Suche nach Ihrem Herzblatt sind, dann verinnerlichen Sie dies und nehmen Sie sich Zeit zur Reflektion.

Fragen Sie sich, was für Sie eine glückliche, erfüllte und harmonische Beziehung bedeutet. Was sind Sie bereit, dafür zu geben, und was soll Ihr Partner dazu beitragen? Welche Eigenschaften, Interessen und Qualitäten zeichnen Ihren künftigen Lebenspartner aus? Wie gestaltet sich für Sie das ideale Zusammenleben heute, in einem sowie in fünf Jahren? In einer bestehenden Beziehung können Sie mit diesen Fragen klären, ob Sie beide noch dieselben Vorstellungen von einer Verbindung haben oder wo es beidseitig Wünsche nach Veränderung gibt und wie diese integriert und gemeinsam gelebt werden können.

Wunscherfüllungs-Steine Selbstliebe:
Rosenquarz, Wassermelonen-Turmalin, Kupfer, Boulder-Opal.

Affirmation: Ich bin mir selbst der beste Freund.

Wunscherfüllungs-Steine Liebe & Partnerschaft:
Rosenquarz, Wassermelonen-Turmalin, Paraiba Turmalin, Danburit, Rubin.

Affirmation: Ich liebe das Leben und das Leben liebt mich.

Beruf(ung) & Erfolg

»Erfolg ist, was folgt, wenn du dir selber folgst.« Dieses Zitat von Reinhard Sprenger bringt es auf den Punkt. Wenn wir erfolgreich sein wollen, ist es wichtig, authentisch und echt zu sein. Dies erreichen wir, wenn wir uns auf den Weg zu uns und unserer Berufung machen. Jeder Mensch hat Talente, Fähigkeiten, Gaben die nur er in dieser Form in die Welt bringen kann. Manchmal sind diese Gaben und Talente bereits in jungen Jahren klar erkennbar, manchmal dauert es länger, diese verborgenen Schätze zu heben. Vielleicht entdecken Sie erst nach mehreren Umwegen, wofür Ihr Herz wirklich schlägt. Wichtig dabei ist, daß Sie sich selbst keine Grenzen auferlegen und sich klar machen, daß Sie alles sein können, was Sie wollen, vorausgesetzt, Sie geben sich die Erlaubnis dazu.

Wer an dieser Stelle zögert, weil er noch nicht weiß, was dies sein könnte, dem möchte ich hier zwei Wege aufzeigen:

Verbinden Sie sich bewußt morgens nach dem Aufstehen und abends vor dem Einschlafen mit Ihrer Quelle der Kraft und sagen Sie klar und deutlich: Ich will jetzt wissen, was ich will! Dies können Sie auch während des Tages mehrmals wiederholen. Achten Sie dabei immer auf alle Impulse, »Zufälle« und Träume.

Nehmen Sie sich eine Auszeit und beantworten Sie für sich folgende Fragen:

»Wenn alles möglich wäre, was würde ich dann machen?« – »Was erfüllt mich mit Freude?« – »Welche Tätigkeiten und Aufgaben liebe ich besonders?« – »Wo liegen meine Stärken und Talente?« – »Wie kann ich das in meine Arbeit integrieren?« – »In welchem beruflichen Umfeld kann ich das ausleben?« – »Wo gibt es dafür eine ›Bühne‹ für mich?« – »Wo sehe ich mich damit in einem, in fünf und in zehn Jahren?«

In meiner Beratungsarbeit kläre ich diese Fragen mit meinen Klienten im Rahmen eines Coachings, und die Ergebnisse und Resultate sorgen immer für Klarheit auf dem Weg zur Berufung.

Alle, die ihr berufliches Glück schon gefunden haben, sich aber noch mehr Erfolg auf ihrem Weg wünschen, können mit folgenden Fragen arbeiten und damit die Kraft der Resonanz und Anziehung nutzen:

Für Selbständige: »Wer ist mein perfekter Kunde?« – »Welche Qualitäten und Eigenschaften zeichnen meinen perfekten Kunden aus?« »Über welche Kanäle erreiche ich ihn und welche Lösung, welchen Nutzen wünscht er sich von mir?«

Für Angestellte: »Welche Position im Unternehmen ist mein nächster Meilenstein?« – »Wie komme ich da hin und wer unterstützt mich dabei?« – »Welche Fortbildungsmaßnahme kann das beschleunigen?« – »Gibt es andere Unternehmen, die mir noch bessere Chancen bieten?«

Wunscherfüllungs-Steine Erfolg:
Sodalith, Lapislazuli, Bergkristall »Nadelquarz«, roter Calcit, roter Aventurinquarz (Himbeerquarz).

Affirmation: Erfolg ist was folgt, wenn ich mir selber folge. (Reinhard K. Sprenger)

Reichtum & Fülle

Wenn Sie an Reichtum & Fülle denken, was verbinden Sie persönlich damit? Geld wie Heu, finanzielle Freiheit und Unabhängigkeit, neue Chancen und Möglichkeiten oder materiellen Wohlstand ohne Grenzen? All das gehört natürlich dazu, aber Reichtum & Fülle symbolisieren noch mehr: Ein reiches und erfülltes Leben!

Dies ist nicht an materielle Güter oder an ein dickes Bankkonto gebunden, sondern für mich ist es ein sinnvoll gelebtes Leben; ein Leben, das reich ist an Freunden, Freude, Liebe, Spaß, Gesundheit, Genuß, Lachen und Erfolg; ein Leben, das ich voll ausschöpfe, mit all seinen Höhen und Tiefen lebe und in das ich mich ganz, mit all meiner inneren Fülle in Form von Gaben und Talenten, einbringe. Wenn ich das tue, folgt der materielle Reichtum ganz von selbst.

Wunscherfüllungs-Steine für Reichtum & Fülle:
Jade, Serpentin, Chalkopyrit, Dioptas.

Affirmation: Meine innere Fülle erzeugt meinen äußeren Reichtum.

Gesundheit

Körperliche Vitalität, Kraft und Energie ist die Grundvoraussetzung für ein glückliches, erfülltes Leben. Nur wenn wir ganz in unserer Kraft sind, können wir unser Leben so gestalten, wie wir uns dies wünschen, und die Chancen ergreifen, die das Leben uns bietet. Daher zählt der Wunsch nach Gesundheit zu den existentiellen Bedürfnissen, vor allem dann, wenn uns diese Gesundheit fehlt. In diesen Zeiten erkennen wir, wie selbstverständlich wir davon ausgegangen sind, daß unser Körper immer funktioniert, gleichgültig, wie wir ihn behandeln. Dies ist also ein idealer Zeitpunkt, um zu lernen und zu verstehen, was unser Körper von uns braucht. Das ist allerdings auch dann wichtig, wenn Sie gesund sind. Halten Sie inne, spüren Sie in Ihren Körper hinein und fragen Sie ihn, was ihm jetzt guttun würde, was er vermißt und was er benötigt, damit er gesund bleiben kann oder wieder wird.

Wunscherfüllungs-Steine für Gesundheit:
Aventurin, Ozean-Jaspis, Baumachat, Eldarit, Stern-Achat, Oolith.

Affirmation: Gesundheit ist in jeder Zelle meines Seins verankert.

Wunder

Es gibt immer wieder Situationen, in denen Wunder willkommen sind. Sie sind ein Geschenk des Universums an uns, für das wir uns nur zu öffnen brauchen. Und genau das ist die große Herausforderung, denn dafür brauchen wir Glauben und Vertrauen, damit die inneren Saboteure keine Chance haben.

Wenn diese Saboteure Ihnen also wieder zuflüstern, daß Sie nicht wertvoll genug oder zu unbedeutend sind oder daß es sowieso keine Wunder gibt, dann sagen Sie als erstes: Stop! Geben Sie anschließend diesen Gefühlen erst einmal ein Raum- und Zeitfenster und arbeiten Sie mit ihnen, wie im Kapitel »Innere Blockaden und Widerstände« beschrieben. So lösen Sie sie Schritt für Schritt auf und können sich wieder mit voller Kraft und Fokus auf Ihren Herzenswunsch konzentrieren.

Wunscherfüllungs-Steine für Wunder:
Orangen-Calcit, Chrysopal, grüner Turmalin

Affirmation: Ich bin ein Magnet für Wunder!

Wunscherfüllungs-Steine – Anwendungsmöglichkeiten

Dem Einsatz der Wunscherfüllungs-Steine sind keine Grenzen gesetzt. Sie können sie entweder auf Ihren Wunschzettel legen oder so lange bei sich tragen, bis sich Ihr Wunsch erfüllt hat. Wählen Sie hierzu Handschmeichler oder Anhänger. Sie können natürlich auch mehrere Steine auswählen und einen z. B. auf Ihren Wunschzettel legen und den anderen bei sich tragen. Oder Sie fertigen sich eine Wunsch-Schatzkarte an, welche die wichtigsten Etappen bis zu Erfüllung beinhaltet. Dabei können Sie für jede Etappe einen Wunsch-Meilenstein wählen und auf die Schatzkarte legen oder auch bei sich tragen. Und natürlich können Sie mit den Steinen auch im Raum arbeiten.

Wenn Sie, wie in den vorangegangenen Kapiteln, mehrere Steine zur Auswahl haben, dann lassen Sie sich am besten von Ihrem Gefühl leiten. Ich habe absichtlich auf eine Beschreibung verzichtet, da Sie in jeder Situation immer den für sich richtigen Stein wählen werden. Dies kann ich Ihnen aus meiner langjährigen Praxis versichern. Seien Sie spielerisch und kreativ – es gibt kein richtig oder falsch hier.

Hier nun für Sie weitere Wahl- und Anwendungsmöglichkeiten:

Intuitiv: Vermischen Sie, am besten ohne dabei die Steine anzusehen, die Wunscherfüllungs-Steine und legen Sie diese in einem Halbkreis vor sich hin. Konzentrieren Sie sich auf Ihren Herzenswunsch und stellen Sie dabei eine Frage. Lassen Sie dann mit etwas Abstand und ohne Blickkontakt Ihre Hand über das Energiefeld der Steine gleiten. Da, wo Ihre Hand den Impuls bekommt hinzufassen, liegt der für Sie richtige Stein.

Visuell: Hier entscheidet Ihr Auge über die Wahl des richtigen Steines. Welcher Stein gefällt Ihnen besonders? Welchen Stein mögen Sie überhaupt nicht? Besonders die Steine, die wir ablehnen, haben oft einen wichtigen Impuls für uns und unsere Wünsche. Also vielleicht sind Sie mutig und wählen gerade diesen Stein für sich.

Mental: Wählen Sie bewußt nach Thema den für Sie passenden Stein zu Ihrem Wunsch: Jade für Ihren finanziellen Reichtum, Rosenquarz für eine glückliche Beziehung oder Aventurin für mehr Gesundheit. Sie können auch in einem Steinheilkunde-Buch noch weitere Informationen zu Ihrem Stein einholen. (Meine Empfehlung an dieser Stelle: *Heilsteine – 430 Steine von A - Z* von Michael Gienger.)

Wunscherfüllungs-Orakel: Geben Sie Ihre verschiedenen Wunscherfüllungs-Steine in ein blickdichtes Säckchen, verteilen Sie diese gut darin und schütteln Sie es leicht. Konzentrieren Sie sich dabei auf Ihren Herzenswunsch und stellen Sie z. B. folgende Frage: Welcher Stein hilft mir dabei, schnell und leicht meinen Wunsch zu verwirklichen? Dann fassen Sie ohne Blickkontakt in das Säckchen hinein und wählen intuitiv den für Sie richtigen Stein.

Miracle-Box: Besorgen Sie sich eine schön gestaltete Aufbewahrungs- oder Geschenk-Box. In diese Schachtel kommen jetzt alle Ihre Wünsche in Form von Bildern oder Symbolen. Dazu passend wählen Sie die für Sie richtigen und wichtigen Steine aus und legen Sie mit hinein in die Kiste. Schließen Sie den Deckel und stellen Sie Ihre Miracle-Box an einen gut sichtbaren Platz. Im Feng Shui ist dafür der Westen besonders gut geeignet, da er die Energie der Manifestation verkörpert und somit Ihre Wünsche in der Verwirklichung unterstützt. Ich selbst schätze diese Methode sehr.

Meditation-Steinkreis: Wenn Sie den Prozeß der Wunscherfüllung intensivieren möchten, ist Meditation eine kraftvolle Hilfe auf dem Weg. Wählen Sie die für Sie wichtigen Wunscherfüllungs-Steine aus. Legen Sie diese in einem Kreis auf den Boden und setzen Sie sich in die Mitte dieses Steinkreises. Schließen Sie die Augen, atmen Sie tief ein und aus und verbinden Sie sich als erstes mit Himmel und Erde.

Atmen Sie dann ruhig weiter und bitten Sie um Schutz, Führung und Unterstützung. Richten Sie als nächstes den Fokus auf Ihren Herzenswunsch und achten Sie auf alle Impulse und Signale, die Sie dabei erhalten.

Sollten Sie gerade ein Problem haben, dann können Sie innerhalb der Meditation um eine Lösung bitten. Meditieren Sie so lange, bis Sie das Gefühl haben, daß es Zeit ist, zurückzukommen. Dies können 5 Minuten oder 30 Minuten sein. Die Länge ist hier nicht entscheidend, sondern vielmehr die Qualität der Verbindung und die Regelmäßigkeit. Auch in 5 Minuten können Sie die für Sie perfekten Impulse erhalten. Notieren Sie sich nach jeder Meditation alle Impulse und Hinweise und handeln Sie danach.

Wunscherfüllungs-Steinmandala: Wenn Sie mehrere Wunscherfüllungs-Steine gewählt haben, dann können Sie an einem zentralen Platz Ihres Zuhauses einen Kraftplatz errichten, indem Sie mit diesen Steinen ein Mandala legen. Dazu kann es nötig sein, sich mehrere Steine von dem jeweiligen Wunschstein zu besorgen. Schreiben Sie Ihre Herzenswünsche in eine schöne Karte, plazieren Sie diese als erstes im Zentrum des Kraftplatzes und plazieren Sie dann darüber Ihr Steinmandala. Die Anordnung der Steine obliegt Ihrer Intuition und Phantasie. Hier gibt es keine Regeln oder Vorschriften.

Wunscherfüllungs-Steine und Feng Shui: Selbstverständlich können Sie mit Ihren Wunscherfüllungs-Steinen auch im Raum arbeiten und diese in den einzelnen BaGua-Zonen (Himmelsrichtungsbereichen) plazieren. Hier für Sie ein kurze Übersicht:

Norden: Beruf(ung), Karriere & Erfolg = Sodalith, Lapislazuli

Nordosten: Wissen, Stabilität, Persönlichkeitsentfaltung = Bilder-Jaspis, Dolomit

Osten: Ideenreichtum, Geistesblitz, Gesundheit, Vitalität = Aventurin, Ozean-Japsis

Südosten: Reichtum & Fülle, Glück, Chancen: Jade, Serpentin, Dioptas

Süden: Ruhm, Anerkennung, Selbstwert, Mut: roter Jaspis, Rubin, Orangen-Calcit

Südwesten: Liebe, Beziehung, Partnerschaft: Rosenquarz, Mondstein

Westen: Ernte, Manifestation, Kreativität: Amethyst, Hämatit

Nordwesten: Schöpferkraft, Hilfe, Unterstützung: Bergkristall, Diamant

(Ausführliche Informationen zum Einsatz von Steinen und Mineralien im Feng Shui finden Sie in meinem Buch: *Feng Shui Jing – Feng Shui und die Kraft der Steine.*)

Wichtig dabei ist noch: Für die Arbeit im Raum müssen die Steine ein gewisse Größe haben. Ideal dafür sind Seifensteine oder die von mir dafür entwickelten Feng Shui-Edelstein-Energiebänder.

Wunscherfüllungs-Steine und Kinder: Kinder lieben Steine ganz besonders. Ich möchte hier ein kleines tägliches Ritual von einer begeisterten Mutter und ihren Kindern als Idee an Sie weitergeben. Bevor die Kleinen in den Tag starten, sei es Kindergarten oder Schule, dürfen sie sich einen Wunschstein aus dem Beutel ziehen, der sie wie ein Schutzengel durch den Tag begleitet. Abends dann vor dem Zubettgehen oder Einschlafen wird der Stein nochmals hervorgeholt, und die Kinder erzählen, was sie damit erlebt haben und wie er ihnen geholfen hat. Dann kommt der Stein wieder in den Beutel oder manchmal erst noch unters Kopfkissen, bevor am nächsten Morgen ein neuer Stein gezogen werden darf. Ich finde dieses Ritual wundervoll!

Für Coaches und Therapeuten: Wenn Sie mit Menschen arbeiten, dann können Ihnen die Wunscherfüllungs-Steine wertvolle Begleiter in Ihrer täglichen Praxis sein. Sei es, daß Sie diese im Coaching nutzen, um so schneller zum Kern des Themas zu gelangen oder um die inneren Blockaden des Klienten leichter zu lösen. Ich nutze die Wunscherfüllungs-Steine gerne als kraftvolles Werkzeug für eine systemische Einzel- oder Gruppenaufstellung. In Ihrer Naturheilpraxis können Sie die Steine unterstützend als Heilsteine für Körper und Seele optimal einsetzen. In der Arbeit mit meinen Klienten erziele ich damit immer wieder große Erfolge, und die Klienten freuen sich über ihren ganz persönlichen Stein, der sie auf ihrem Weg begleitet.

7 kraftvolle Schritte zur erfolgreichen Wunscherfüllung

Nachdem wir nun alle wichtigen Aspekte zum Thema Wunscherfüllung betrachtet haben, erhalten Sie jetzt Ihre magische 7-Schritte-Formel, mit der Sie Ihre Herzenswünsche erfolgreich manifestieren können:

1. Schritt:
Worte der Kraft und Macht

Formulieren Sie genau, was Sie sich wünschen. Dies sollte immer in der Gegenwartsform und in positiver Sprache erfolgen. Verzichten Sie auf Wörter wie *kein*, *nein* und *nicht*, da diese von unserem Unterbewußtsein nicht wahrgenommen werden. Ein Beispiel für Sie: Statt: »Ich möchte nicht mehr krank sein«, lautet die richtige Formulierung: »Gesundheit ist jetzt in jeder meiner Zellen fest verankert«, oder: »Gesundheit ist der natürliche Zustand meines Seins«. Noch ein Beispiel für Sie im Bereich Finanzen. Statt: »Ich will nicht ständig knapp bei Kasse sein«, ist es besser zu sagen: »Ich bin jetzt finanziell frei und unabhängig«.

2. Schritt:
Wunschtagebuch

Notieren Sie Ihre Wünsche immer schriftlich, denn, was wir schreiben, bleibt und hilft Ihnen dabei, noch mehr Klarheit über Ihre Wünsche zu erlangen. Besorgen Sie sich ein schönes Wunschtagebuch und beschreiben Sie darin Ihre Wünsche so detailliert wie möglich. Also statt: »Ich wünsche mir ein neues Haus«, beschreiben Sie darin auch die Lage, Größe und Ausstattung Ihres Traumhauses. Seien Sie immer so konkret wie möglich. Benennen Sie exakt die Summe, die Sie monatlich einnehmen möchten, wie hoch Ihr Jahresumsatz oder der Gewinn vor Steuern sein soll. Übrigens noch ein kleiner Tip zum Thema

Finanzen: Wählen Sie eine Geldsumme, bei der Sie sich wirklich gut fühlen. Wenn Sie eine Zahl nehmen, an die Sie nicht wirklich glauben können, ist Ihr Zweifel stärker als Ihr Wunsch und damit die Verwirklichung blockiert. Besser ist es, sich hier Etappen-Ziele zu setzen. Jedes Mal, wenn Sie dann eine finanzielle Etappe geschafft haben, wächst Ihr Vertrauen und die Geldsummen werden größer.

3. Schritt:
Wahl der richtigen Wunscherfüllungs-Steine

Wählen Sie zu den einzelnen Etappen und Themen die dafür richtigen Wunscherfüllungs-Steine und plazieren Sie diese auf Ihrer Wunsch-Schatzkarte oder Ihrem Wunschzettel. Tragen Sie den wichtigsten Stein zusätzlich als Handschmeichler oder Anhänger bei sich.

4. Schritt:
Visualisierung – Können Sie es sehen?

Nur wenn Sie ein klares Bild von Ihrem Herzenswunsch in sich tragen, können Sie ihn auch verwirklichen. Besonders effektiv ist hier die Arbeit mit Collagen. Besorgen Sie sich einen schönen farbigen Karton im Format A3 oder A1 und bekleben Sie ihn mit Bildern, Worten oder Sinnsprüchen, die genau Ihre Wünsche symbolisieren. So entsteht ein kraftvolles Wunschbild, das Sie bei der Manifestation unterstützt. Plazieren Sie diese Wunsch-Collage am besten an einer Stelle in Ihrem Zuhause, wo Sie diese täglich mehrmals sehen können. Diese Collage ist auch wandelbar, das heißt Sie können sie immer wieder Ihren neuen Bedürfnissen und Wünschen anpassen, indem Sie beispielsweise erfüllte Wünsche abnehmen und neue aufkleben.

5. Schritt:
Nutzen Sie die Kraft der Emotionen – Fühlen Sie es!

Ein weiterer wichtiger Erfolgs-Schlüssel sind unsere Emotionen. Visualisieren Sie nicht nur Ihre Herzenswünsche, sondern fühlen Sie diese mit jeder Faser Ihres Körpers. Wie fühlen Sie sich, wenn Sie in Ihrem Traumhaus leben, an der Seite Ihres Herzenspartners durchs Leben gehen oder in einem leichten, gesunden Körper zuhause sind? Am besten eignet sich für die emotionale Visualisierung Ihrer Herzenswünsche die Zeit kurz vor dem Einschlafen oder direkt nach dem Aufwachen. Erleben, fühlen und visualisieren Sie dabei ganz intensiv das von Ihnen gewünschte Endresultat und verankern Sie dies in Ihrem Körper, indem Sie am Schluß drei Mal mit Ihrer Hand auf Ihren rechten oder linken Oberarm klopfen. Während der Übung können Sie Ihren Wunscherfüllungs-Stein in der Hand halten oder unter das Kopfkissen legen.

6. Schritt:
Vom Wunsch zum Ziel – Termine mit dem Glück

Fixieren Sie einen Erfüllungs-Termin, denn Start- und End-Termine sind wichtig. Damit definieren wir einen klaren Zeitraum, in dem sich unser Wunsch erfüllen soll. Damit läßt sich ideal überprüfen, ob wir auf Kurs sind und welche Etappen es noch zu nehmen gilt, damit die Wunsch-Lieferung pünktlich eintreffen kann. Sehr effektiv sind dabei Etappen-Termine. Sie helfen besonders bei größeren Wünschen, das Ziel leichter zu erreichen. Wenn Ihr Wunsch lautet, 15 Kilo Gewicht zu verlieren, dann setzen Sie sich drei realistische Termine mit Fünf-Kilo-Etappen, beispielsweise 30.04., 31.08. und 31.12. So können Sie bereits beim ersten Termin prüfen, ob Sie noch auf Kurs sind oder ob eine Korrektur notwendig ist. Bitte beachten Sie dabei aber auch, sich realistische Zeit-Ziele zu setzen. Zu großer Druck erzeugt nur Widerstand, und der ist nicht förderlich für eine erfolgreiche Wunschverwirklichung.

7. Schritt:
Loslassen und dankbar sein

Wenn Sie alle vorangegangen Schritte vollzogen haben, mit Ihren Wunsch-erfüllungs-Steinen arbeiten und täglich Ihre Visualisierungs-Übungen durchführen, dann ist es wichtig, zwischendurch immer wieder loszu-lassen, damit die universelle Energie ungehindert wirken und das Best-mögliche für Sie arrangieren kann.

Seien Sie dankbar für alles, was Sie bereits haben und für jedes erreichte Etappenziel und natürlich für die Verwirklichung Ihrer Wün-sche. Bedanken Sie sich bei allen Helfern, ob Freunde, Steine oder den universellen guten Geistern für die Hilfe und Unterstützung auf Ihrem Weg dorthin. Feiern Sie Ihre Erfolge und halten Sie diese in einem Erfolgstagebuch fest. Das ist übrigens auch eine super Motivation für Ihre künftigen Wunscherfüllungs-Projekte und eine perfekte Geheimwaffe für kleine innere Saboteure.

Wenn Sie diese 7 Schritte-Formel beherzigen dann steht einer erfolg-reichen Verwirklichung Ihrer Träume und Wünsche nichts mehr im Weg.

Mein Wunscherfüllungs-Steine-Set

Aus meiner Neujahrs-Idee entstand ein kraftvolles Wunscherfüllungs-Steine-Set, welches aus acht Steinen besteht und für die wichtigsten Wunsch-Themen und -Qualitäten steht.

Ich habe die Steine durch Symbole und Worte verstärkt, so daß alle geistigen und energetischen Ebenen einbezogen sind. Dadurch wird der Stein in ein Wunschkraftwerk verwandelt, das seinen Besitzer optimal unterstützt. Hier nun für Sie im Überblick die einzelnen Steine:

Wunder: Orangen-Calcit stärkt Ihren Selbstwert sowie die Freude und macht Sie so offen für Wunder. Das Symbol des Sterns erinnert Sie daran, daß Wunder immer möglich sind – auch für Sie!

Liebe: Rosenquarz fördert und stärkt sowohl Ihre Selbstliebe als auch Ihre Herzensbeziehungen. Als universell gültiges Symbol für die Liebe steht das Herz.

Gesundheit: Aventurin fördert Entspannung, Erholung und Regeneration. Er ist ein Allrounder in der Gesundheitsvorsorge, der mit dem Symbol für Vitalität und Energie kombiniert wurde.

Reichtum: Jade in ihren vielfältigen Formen ist kostbar und ein Symbol für Reichtum und Fülle. Als Zeichen der Unendlichkeit steht das Symbol der liegenden Acht. Sie sorgt dafür, daß der Strom der Fülle auf allen Ebenen Ihres Daseins unendlich fließt.

Glaube und Vertrauen: Bergkristall verbindet Sie direkt mit der universellen Schöpferkraft und stärkt so Ihr Vertrauen und Ihren Glauben an sich selbst und Ihre Herzenswünsche.

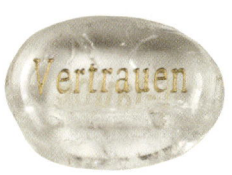

Focus: Fluorit in Verbindung mit dem Symbol der Pfeilspitze sorgt dafür, daß Ihre Aufmerksamkeit konzentriert und fokussiert auf Ihre Herzenswünsche gerichtet bleibt.

Loslassen: Dumortierit schenkt Ihnen Entspannung und nimmt Ihnen so die Angst vor dem Loslassen. Die Welle erinnert Sie daran, dem Fluß des Lebens zu folgen und zu vertrauen.

Danke: Der Amethyst bringt inneren Frieden, aus dem heraus tiefe Dankbarkeit entspringt. Dankbarkeit für das, was Sie bereits sind und besitzen sowie für das, was noch kommt. Dankbarkeit ist der Turbo für erfolgreiches Wünschen.

Alle Steine sind einzeln oder als Set im gut sortierten Mineralienfachhandel oder direkt bei mir unter: www.wunscherfuellung-jetzt.de erhältlich.

Reinigung & Pflege
der Wunscherfüllungs-Steine

Als kleines Zeichen der Wertschätzung und damit Ihre Wunscherfüllungs-Steine für Sie optimal arbeiten können, sollten Sie diese regelmäßig reinigen. Dies gilt besonders, wenn Sie Ihren Stein bei sich oder am Körper tragen. Hier wäre eine tägliche Reinigung empfehlenswert. Dies kann mit Wasser geschehen, indem Sie Ihren Stein einige Minuten unter fließendes Wasser halten oder ihm ein Bad in kalkfreiem Wasser z. B. in stillem Mineralwasser gönnen.

Optimal ist es, wenn Sie Ihren Wunscherfüllungs-Stein über Nacht in eine Amethyst-Druse oder auf ein Drusenstück legen. Die Kraft der Amethystdrusen entziehen Ihrem Stein alle negativen Energien, die er über den Tag aufgenommen hat, und Sie können ihn am nächsten Tag wieder frisch und rein an seinen Platz geben oder bei sich tragen. Ideal wäre es, wenn Sie in der Zwischenzeit einen passenden Zweitstein haben, den Sie dann auf Ihr Wunschbuch legen oder mit sich führen.

Dank

Mein herzlicher Dank geht an alle guten Geister, die am Entstehen dieses Buches mitgewirkt haben; allen voran meinem Verleger Andreas Lentz und seinem gesamten Team sowie Michael Gienger, der auch dieses Buchkind unterstützt hat und immer eine Quelle der Inspiration für mich ist. Ich möchte mich bei Marco Schreier und Sabine Schneider-Kühnle für die langjährige, gute und erfolgreiche Zusammenarbeit bedanken. Danke, daß durch Euch meine Wunscherfüllungs-Steine Realität wurden und so ihren Weg in die Welt gefunden haben.

Info & Kontakt zur Autorin

Martina Fuchs ist als Autorin, Coach und Consultant für Mensch und Raum seit fünfzehn Jahren in eigener Agentur international erfolgreich tätig. Sie schafft Raum für Erfolg in den Wohn- und Arbeitswelten sowie in den Innenwelten ihrer Kunden. Dabei setzt sie gezielt auf die Unterstützung von Mineralien und Kristallen und entwickelte so ihre Feng Shui-Edelstein-Energiebänder sowie Wunscherfüllungs-Steine.

Kontakt:
Für Beratungen und Coachings erreichen Sie mich unter:
Martina Fuchs, raum & potenzial®, www.raumpotenzial.de
twitter.com/raumpotenzial   facebook.com/raumpotenzial

post@wunscherfuellung-jetzt.de
www.wunscherfuellung-jetzt.de

Literatur

Das Gesetz der Anziehung, Michael J. Losier, Integralverlag, München 2007

Wunscherfüllung für Selbstabholer, Eva Wlodarek, Campus Verlag, Frankfurt 2009

Jack Canfields Schlüssel zum Gesetz der Anziehung, Jack Canfield & D.D.Watkins, VAK Verlag, Kirchzarten 2008

Das Gesetz der Resonanz, Pierre Franckh, Koha Verlag, Burgrain 2009

Intention, Lynne McTaggart, VAK Verlag, Kirchzarten 2007

Feng Shui Jing – Feng Shui und die Kraft der Steine, Martina Fuchs, AT-Verlag, Aarau 2003

Heilsteine von A-Z, Interaktive CD-ROM, Michael Gienger & Hermann Dunkel, Neue Erde, Saarbrücken 2009

Lexikon der Heilsteine, Michael Gienger, Neue Erde, Saarbrücken 2000

Abbildungsverzeichnis

Fotos auf dem Titelbild und den Seiten 39, 50 und 56 bis 60: Wolfgang Dengler.

Steinvignetten von Ines Blersch und Wolfgang Dengler.